Monia Manganelli

Cronache brandeburghesi

Appunti di viaggio sul Brandeburgo

Monia Manganelli

CRONACHE BRANDEBURGHESI

Appunti di viaggio sul Brandeburgo

Bibliografische Information der Deutschen Nationalbibliothek
Die Deutsche Nationalbibliothek verzeichnet diese Publikation in der Deutschen Nationalbibliografie; detaillierte bibliografische Daten sind im Internet über http://dnb.d-nb.de abrufbar.

© Monia Manganelli, Berlino
www.culturturismo.de
ISBN 9783837029642
Herstellung und Verlag: Books on Demand GmbH, Norderstedt

4

Contenuto

Introduzione

Questi appunti di viaggio accompagnano il viaggiatore attraverso il territorio dell'odierno Brandeburgo, la culla del regno di Prussia.

Il Brandeburgo rappresenta oggi solo una piccola parte dell'antica storica Marca brandeburghese e del ben più vasto impero prussiano.

Questa regione stupisce per la bellezza della sua semplicitá che sta tutta nel paesaggio, ricco di boschi e canali. Camminando nei lunghi viali di campagna, capiterá di scorgere un castello, un paese, una chiesetta medievale spuntare a maggio in un mare giallo di colza fiorita. Un campo di zucche, un venditore ambulante di asparagi in primavera bastano a distrarre i turisti, portati dalle canoe sui canali silenziosi della foresta dello Spreewald.

Con tutte queste impressioni nella mente, ho percorso idealmente i luoghi che conosco, ricordandone brevemente la storia e certi aneddoti. Cosí ho scritto qualche appunto, pochi naturalmente rispetto a quanto si puó scoprire in questo territorio.

Parte Prima: notizie storiche e appunti di viaggio

Inizi burrascosi e la comparsa di Alberto l'Orso

Questa regione è stata abitata sin dalla preistoria da popolazioni germaniche insediate tra i fiumi Elba e Oder, le quali vivevano principalmente di caccia e pesca. Duemila anni fa, qui vivevano i Sennoni, i Longobardi, i Vandali e i Burgundi. La densitá della popolazione era molto bassa e ben presto intorno al VI secolo anche i popoli slavi dell'Elba vi si insediarono. La convivenza delle popolazioni slave e germaniche fu tutt'altro che facile, continui scontri portarono alla sottomissione dei Sorbi da parte di Carlomagno (806) e nel 928 alla conquista della città di Brennaburg, uno dei principali centri slavi, da parte delle truppe di Enrico I. La fondazione del vescovato di Brandeburgo, il nome attuale della cittadina, risale al 948.

Rivolte slave sottrassero nuovamente queste terre al dominio germanico ma a partire dal 1138, Alberto l'Orso della famiglia degli Ascani consolidó il recupero dei territori e conquistó definitivamente la cittá di Brandeburgo nel 1157, assumendo il nuovo titolo di margravio del Brandeburgo. Margravio è la traduzione del termine "Markgraf", che deriva da Mark, cioé terra di confine.

La fedeltá di Alberto l'Orso all'imperatore Federico I il Barbarossa e la sua vittoriosa crociata contro la popolazione slava dei Wendi, gli garantirono prestigio e riconoscimenti. Il territorio della marca venne cristianizzato, coloni fiamminghi e olandesi vennero reclutati per abitare e bonificare le paludose terre, i semplici castelli di Potsdam e Spandau furono fortificati. Le popolazioni indigene slave si mischiarono ben presto con quella dei conquistatori perdendo la propria identitá culturale, fatta eccezione per una piccola minoranza sorba che ancora oggi, insediata nel Brandeburgo meridionale, conserva orgogliosa la sua lingua e la sua cultura. A Cottbus, i colorati costumi tradizionali delle donne sorbe illuminano le piazze nei giorni di festa.

Una difficile cristianizzazione e i monasteri cistercensi

Con la cristianizzazione di queste terre e la fondazione dei vescovati, giunsero anche i monaci cistercensi. I due monasteri medievali di Lehnin e Chorin meritano di essere visitati per la loro importanza storica e la bellezza architettonica.

La fondazione di Lehnin risale al 1180. Con la Riforma protestante nel 1542, esso fu

9

secolarizzato. Si trova in posizione idilliaca circondato dal verde, a 700 metri dal suo lago. La bella chiesa del monastero é dedicata a Santa Maria. Restaurata tra il 1871 e il 1877, é oggi uno degli edifici romanico-gotici più importanti della marca e ospita numerosi concerti di musica sacra. I primi dodici monaci guidati dall'abate Sibold giunsero nel 1183, non fu facile per essi convivere con le vicine popolazioni slave, lo testimonia verosimilmente il drammatico assassinio di Sibold nel 1190. A metá del duecento comunque, i monaci erano giá un centinaio.

Il monastero assunse un'importanza economica notevole per la marca, basti pensare che la sua influenza si estendeva a una cittá, 60 villaggi e 50 laghi sui quali esso aveva diritti di pesca.

Un destino molto simile ebbe il monastero di Chorin, a nord di Eberswalde, fondato nel 1273. Esso prosperó fino alla secolarizzazione a cui seguí il declino, l'abbandono e finalmente il restauro a partire dal 1800.

Una regione poco interessante: nuove dinastie

Nel 1320 si estinse la linea degli Ascani e la loro ereditá passó ai bavaresi Wittelsbacher, più tardi ancora passó ai boemi Luxemburger.

Per i nuovi signori i possedimenti brandeburghesi non potevano avere meno importanza, cosí lontani e ai margini dei loro

10

interessi, ricchi solo di boschi e sabbia e corsi d'acqua, poveri di popolazione, avevano l'unica attrattiva di portare tasse nelle casse. Il vero potere era gestito dalla nobiltá locale. Guerre, banditismo, saccheggi e faide dominarono per un secolo il paese, finché nel 1411 l'imperatore Sigismondo concesse il controllo della regione e nel 1417 anche la dignitá di elettore a Federico VI di Norimberga col nome di del casato degli Hohenzollern. Questi stabilí la sua residenza a Berlin-Coelln. Per Berlino un momento storico, da cittadina dedita al commercio divenne sede politica.

Da qui, partí alla volta di Mantova per raggiungere il promesso sposo presso la corte dei Gonzaga, Barbara di Brandeburgo, figlia undicenne di Giovanni l'alchimista, bizzarro personaggio che rinunció al potere politico per dedicarsi ai suoi studi. Barbara fu ritratta poi dal Mantegna insieme alla sua famiglia nella splendida Camera degli Sposi di Mantova. Intorno al 1500, il Brandeburgo ebbe un periodo di splendore e rinascita umanistica, è del 1506 la fondazione dell'Universitá di Francoforte sull'Oder: la Viadrina. I possedimenti brandeburghesi si estesero con continuitá per via ereditaria nei due secoli successivi, includendo in unione personale il ducato di Prussia. Nondimeno la popolazione locale si dimezzó nei decenni successivi, a causa della fame, della pestilenza e per gli effetti della guerra dei trent'anni, durante la quale numerose cittadine furono saccheggiate e incendiate. Fino a questo punto la marca brandeburghese non era riuscita sia politicamente che economicamente a conquistarsi un ruolo di qualche importanza nella carta politica del tempo. Certamente i passaggi di potere, le guerre e la cronica scarsitá della popolazione avevano costituito barriere enormi al decollo della regione. La situazione doveva ben presto cambiare e da questa regione sabbiosa stava per germogliare uno dei più grandi stati della storia moderna europea: il regno di Prussia.

Il regno di Prussia e la dinastia degli Hohenzollern

Il nome Prussia/Preußen deriva da Pruzzi, una delle popolazioni di origine baltica, stanziata qui tra i fiumi Vistola e Memel. Ma il nome a cui si collega questo fondamentale passaggio storico è quello del Grande Elettore Federico Guglielmo. Nel 1685, con l'emanazione del famoso editto di Potsdam, egli favorí l'immigrazione degli ugonotti che venivano perseguitati in Francia a causa del loro credo protestante. A questi rifugiati si unirono anche falegnami e costruttori olandesi e tessitori boemi. Sicuramente all'epoca, la marca brandeburghese apparve come una specie di terra promessa, in cui ciascuno poteva lavorare in un clima di grandissima tolleranza religiosa. Soprattutto a Potsdam si concentrarono gli artigiani olandesi, i quali godevano di un particolare favore da parte del Grande Elettore Federico Guglielmo, sposato felicemente con la principessa olandese, la calvinista Luisa Enrichetta di Nassau-Oranien (1627-1667) per la quale egli lasció costruire il castello barocco di Oranienburg.

Il loro figlio Federico III fu colui che nel 1701 a Königsberg poi si incoronó "re in Prussia" e assunse il nome di Federico I. L'attributo "re in Prussia" trova la sua giustificazione nel fatto che parte dei territori prussiani facevano ancora parte del regno di Polonia, per questo motivo l'uso dell'appellativo "re di Prussia" era impossibile. Per la sua consorte, la regina Sophie Charlotte di Braunschweig-Lüneburg detta di Hannover, sposata in seconde nozze, egli lasció costruire il bel castello di Charlottenburg una delle più belle residenze barocche europee e attrazione turistica nella parte ovest di Berlino.

Il re „soldato": una figura storica con ombre e luci

Federico Guglielmo I, figlio del re Federico I, nasce il 15 agosto 1688 a Berlino. Nei primi anni di vita viene allevato a corte dalla nonna, Sophie di Braunschweig-Lüneburg. In occasione del suo decimo compleanno, gli viene offerta in regalo dal padre la proprietá di Wusterhausen. Nel 1701 ottiene il titolo di principe von Oranien e nel 1706 sposa Sophie Dorothea von Braunschweig-Lüneburg, la figlia del re Georg I d'Inghilterra. Nascono 14 figli, quattro dei quali muoiono in tenera etá. Il re si interessa molto di caccia, é un discreto pittore, ama la vita militare, fuma, mangia e soprattutto beve molto.

Il collegio del tabacco

La storiografia é impietosa con lui, viene considerato rozzo e collerico, con la tendenza a picchiare sudditi e prole. Nel 1713, ottiene in eredità uno stato indebitato, deve innanzitutto tagliare le spese, riformare stato ed esercito. Nell'ambito delle numerose riforme da lui introdotte, c'é l'obbligatorietá della scuola e l'introduzione di una sorta di servizio militare obbligatorio.

Il re sta ora al comando dello stato assolutistico e dell'esercito, il punto fondamentale della struttura statale. Nel suo regno domina la ragione di stato, il pragmatismo e la sobrietá calvinista-pietista. Qui si forma il tipico suddito prussiano, caratterizzato da obbedienza cieca, sottomissione completa, timoroso di Dio, servizievole, incorruttibile, disciplinato, giusto e onesto, secondo i più noti clichees e il volere del re.

Gli spilungoni

Quella del re soldato per il militarismo era una vera e propria passione. Nei suoi anni di regno egli non condusse guerre, ma istituí il celebre battaglione rosso dei granatieri, i „Lange Kerls" che possiamo liberamente tradurre con „gli spilungoni".
Di questo battaglione potevano fare parte solo uomini alti almeno 1,88 metri. Il re li faceva reclutare, a volte rapendoli e spesso ricevendoli in regalo da sovrani stranieri. Cosí si annoverano tra le file delle 6 compagnie, veri e propri giganti, non necessariamente sani e atletici, ma alti appunto, alcuni superavano 2,10 metri.
Nel maggio 1739 il reggimento contava 3861 uomini.
Insomma il re, costretto a risparmiare su tutto, non badava a spese se si trattava di reclutare questi giganti o di far loro regali.

In maniera quasi maniacale, il sovrano emana editti e regolamenti che regolano quasi tutti gli aspetti della vita dei sudditi. Nel 1715, egli partecipa alla guerra nordica contro Carlo XII. di

Svezia, ottenendo per il suo regno i possedimenti del Vorpommern, Stettino, Usedom e Rügen. La riforma della giustizia e i tentativi di migliorare le condizioni di vita dei contadini falliscono. Risultano invece positivi la fondazione del Lagerhaus, un grande gruppo tessile, le opere di bonifica dell'Havelland e la fondazione dell'ospedale Charité. Il re accoglie nel 1732, 20.000 perseguitati religiosi provenienti da Salisburgo, certamente esemplare la sua tolleranza religiosa anche se non disinteressata.

Ricostruzione storica „Potsdamer Riesengarde"

Essi costituiscono soprattutto una parte importante della manodopera necessaria all'agricoltura nelle regioni orientali, decimate dalla peste. Instancabile, il „re soldato" intraprende il suo ultimo viaggio di ispezione nella Prussia orientale e muore nel 1740 a Potsdam alla fine di maggio.

Il re soldato lascia uno stato economicamente riassestato e soprattutto militarizzato.

Federico II, detto „il Grande"

Il piccolo figlio di Federico Guglielmo I, che portava il nome di Federico, fu educato nell'infanzia a sveglie severe all'alba e a subire le colleriche punizioni del padre. Suoi riferimenti affettivi furono le donne di famiglia in particolare la nonna paterna Sophie Charlotte e la sorella maggiore Guglielmina.

L'amato castello del re soldato: Königs Wusterhausen

Il collegio dei fumatori, immortalato nel famoso dipinto del 1737, esposto in una delle sale del castello e attribuito a Lisiewski, rappresenta molto realisticamente una delle abitudini del "re soldato", che amava riunirsi sera dopo sera con alti ufficiali, consiglieri e diplomatici per fumare la pipa.

Saggi e consiglieri, tutti i partecipanti erano invitati a passare una serata in compagnia fumando e degustando birra. In queste occasioni non vigeva etichetta, ciascuno poteva parlare liberamente. Nemmeno il personale era presente, il re in persona preparava vivande in una stanza attigua. Naturalmente le donne non erano ammesse, erano ammessi invece i figli del re.

Le stanze del castello, nel quale il re amava passare parecchi mesi all'anno, sono semplici e rispecchiano il senso del castello da caccia. Nella sala delle feste si possono ammirare i discreti dipinti del sovrano, realizzati durante i forzati periodi di riposo causati dagli attacchi di gotta. Non

---

mancano naturalmente i ritratti dei Lange Kerls, quegli"
alti" ufficiali appartenenti al sesto reggimento di fanteria.
Il castello fu usato fino al 1913, numerosi trofei di caccia
decorano le stanze. Nel 2000 il castello fu riaperto dopo
intensi restauri.

I contrasti del „re soldato" col principe ereditario Federico, intellettuale, amante dell'arte e della musica, caratterialmente opposto al padre andarono sempre aumentando. L'episodio chiave della sua giovinezza capitó nel 1730. Il principe fuggí dalla violenza paterna verso la Germania del sud.

Dopo il suo ritrovamento, il re furioso decise di condannare a morte il figlio, solo pressioni esterne lo portarono a mutare la condanna in una prigionia nella rocca di Küstrin. Il compagno di fuga di Federico, Hermann von Katte invece, venne ucciso davanti ai suoi occhi.

Questa tragedia provocó una svolta inaspettata nella sua vita. Per ottenere il perdono del padre, Federico deve fare voto di obbedienza e accettare di sposarsi. Nel 1733 avviene quindi il matrimonio con Elisabetta Cristina di Braunschweig-Wolfenbüttel (1715-1797), Federico ottiene in regalo dal padre il castello di Rheinsberg e finalmente si arriva alla riappacificazione tra i due.

Federico II di Prussia - quadro di Antoine Pesne

La pazienza del sovrano intellettuale viene premiata e alla morte del padre egli allontana la moglie, relegandola nel castello a nord di Berlino, oggi appena restaurato nel quartiere di Pankow.

Per Federico é stato coniato il termine „despota illuminato". Se l'aggettivo „illuminato" ben lo descrive nei primi decenni di regno, la definizione di despota lo caratterizza negli ultimi anni di vita, in cui accentra il potere nelle sue mani e diventa sempre più introverso e irascibile. I ritratti nelle varie dimore prussiane lasciano trasparire questo cambiamento.

Vere compagne di vita furono la lettura, la filosofia e la musica: Federico suonava benissimo il flauto traverso e componeva!

Ancor oggi possiamo ammirarlo intento a suonare alla luce delle candele nel ritratto di Adolph Menzel esposto alla Alte Nationalgalerie, sull'isola dei musei a Berlino.

Morendo sulla sua poltrona nel castello di Sanssouci in compagnia dei suoi levrieri, lascia uno stato raddoppiato nelle sue dimensioni, politicamente forte sulla scena europea.

Sulla sua semplice tomba sulla terrazza dell'amato castello ogni tanto un visitatore attento deposita una patata, lo si ricorda infatti anche per avere introdotto nell'alimentazione dei suoi sudditi il tubero generoso, che poteva significare la sopravvivenza, in tempi di mancanza di grano. Non ironizza affatto chi ci ricorda il soprannome di„ re patata" e ci racconta che i prussiani alla prima raccolta non sapevano se consumare le foglie o il tubero che stava sotto terra. Lui non si faceva mancare fragole fresche e frutti esotici per il suo compleanno in gennaio (con grande impegno dei giardinieri!!). Pur apprezzando i bei giardini barocchi nel suo parco, ci teneva molto alla coltivazione di alberi da frutto e ortaggi.

Successori romantici e senza gloria

Il nipote Federico Guglielmo II gli succede, uomo dal carattere opposto, pronto a spendere, amante di donne e feste. Il suo ruolo politico nella storia prussiana é molto limitato, ci ha lasciato comunque, amante del bello, numerose opere architettonicamante rilevanti. Accantonato lo stile rococó che tanto piaceva allo zio, impose lo stile neoclassico. Fu proprio lui a volere la porta di Brandeburgo, il Palazzo di marmo nel giardino nuovo di Potsdam e a creare quell'illusione romantica sull'isola dei pavoni.

Suo figlio Federico Guglielmo III, bello e timido, scelse di vivere la sua arcadia con l'amatissima moglie Luisa e i numerosi figli nelle campagne brandeburghesi, in semplicitá ed economia, non appena ne aveva la possibilitá.

Sull'Havel: l'isola dei pavoni

Con il traghetto si raggiunge l'isola dei pavoni, sul fiume Havel dove questo si allarga e diventa il lago di Wannsee.
Nella seconda metá del 1600, il Grande Elettore scelse questo luogo per l'allevamento di conigli, contemporanemente qui lavorava in gran segreto l'alchimista Johannes Kunckel. Visto che all'epoca era fatto divieto di attraccare all'isola e i suoi collaboratori non avevano il permesso di lasciarla, presto cominciarono a spargersi voci su possibili indicibili esperimenti. Naturalmente c'erano fumi sospetti e odori cattivi che la voce popolare sapeva ben usare a fondamento delle dicerie, lí qualcuno certamente cercava la formula per produrre oro...

Comunque sia, cento anni dopo l'isola apparteneva all'orfanotrofio militare di Potsdam e per duecento talleri il re Federico Guglielmo II l'acquistó e affidó la costruzione di un castelletto al mastro falegname di corte Brendel da regalare alla sua favorita „la bella Wilhelmine". Wilhelmine Encke fu per circa trent'anni la favorita del re e gli diede 5 figli. La loro storia fece scandalo all'epoca, lei era una ragazza borghese, suo padre era proprietraio di un locale, il re invece la nominó contessa. Per tre giorni alla settimana la casa reale concedeva ai berlinesi e brandeburghesi la visita dell'isola. Oggi é area protetta e piacevolissima meta di gite „fuori porta".

Facendo il giro dell'isola, si ha modo di vedere altri piccoli edifici, la piccola casa dei cavalieri, la latteria e soprattutto si incontreranno, mentre si attraversano i viottoli nel bosco, i diversi pavoni che sull'isola vivono liberi.

Come il padre amante dell'architettura, fece lavorare molto il famoso architetto Schinkel , il quale morí forse per i troppi incarichi che gli furono affidati in ogni parte del regno. Cosí almeno attestó il medico sul letto di morte.

Certo al grande talento del famoso architetto si ponevano spesso le briglie delle strette finanze.

Federico Guglielmo III, conscio di non essere all'altezza del suo illustre antenato, si sforzó di mantenere una poltica di neutralitá per la Prussia rimanendo invece invischiato dal turbine napoleonico. La Prussia dovette in seguito attendere il Congresso di Vienna per recuperare la sua identitá, ne uscí uno stato conservatore con fermenti democratici all'interno ma con sovrani poco aperti a riforme istituzionali, non pienamente consci dei tempi che andavano cambiando e impreparati ai moti del 1848. Federico Gugliemo III visse a lungo, non diede mai adito a scandali privati e coltivó il culto della sua prima moglie Luisa, una vera star dei suoi tempi per la sua bellezza e morigeratezza.

Il primo figlio della coppia Federico Guglielmo IV, chiuso in un misticismo romantico, aveva solo undici anni, quando con la famiglia reale dovette fuggire le truppe napoleoniche, un'esperienza che lo impressionó per tutta la vita. Riuscí a sposare la principessa bavarese di cui si era innamorato, nonostante le differenze di confessione religiosa e sopravvisse miracolosamente con la moglie a un attentato da parte di un servitore.

Esperto e appassionato di architettura, incapace di cogliere i fermenti liberali, si dedicó sempre più alle arti, forse all'esoterismo, dimenticando le prioritá della sua funzione.

Fu quindi deposto perché non in grado di governare e riuscí a radunare sul suo letto di morte tutti i parenti vicini e lontani.

Le redini dello stato passarono quindi al fratello Guglielmo I.

Guglielmo I ed Elisa

In ordine di successione al trono Guglielmo era secondo, ma suo fratello non aveva figli e quindi doveva rimanere „a disposizione".

Sin dalla gioventú il principe Guglielmo coltivava un'
amicizia affettuosa con la sua bella cugina Elisa Radziwiłł,
il cui padre di origine lituane aveva possedimenti in
Polonia ma non un titolo nobile da vantare. L'amicizia
divenne col tempo un grandissimo amore, di cui tutti
sapevano e che nessuno si sentiva di volere ostacolare. Elisa
era una di famiglia, il loro amore era cosí genuino e sincero
che fu addirittura favorito dal re.

Negli anni ci furono numerosi tentativi per potere far
convolare i due a nozze, lo zio paterno di Guglielmo, un
principe, si era addirittura dichiarato disponibile ad
adottare la ragazza, per darle un grado di nobiltá adeguato
ad un eventuale matrimonio col principe Guglielmo.

Tutti i tentativi non servirono, il padre Federico Guglielmo
III, anch'egli molto dispiaciuto dovette comunicare al figlio
che non c'erano speranze per lui ed Elisa.

Infatti era da tenere presente la possibilitá che Federico
Guglielmo IV, il diretto successore al trono, fratello
maggiore di Guglielmo, potesse rimanere senza figli e
quindi un matrimonio di Guglielmo avrebbe potuto anche
portare un futuro re. La sposa doveva essere una
prinicpessa di sangue e non per via di un' adozione.

Nulla da fare perció, Elisa e Guglielmo ebbero il permesso di
passare alcuni giorni insieme a Posen. Nel 1829 si videro
per l'ultima volta, lui era costretto a sacrificare il suo amore
per la ragion di stato e doveva sposare una principessa
tedesca. Lei morí pochi anni dopo di tubercolosi. La
straziante storia d'amore, a cui tutti si sentivano partecipi
al tempo, era l'argomento preferito nei salotti prussiani. Il
ritratto della sua amata Guglielmo I, lo portó con sé per
tutta la vita.

Guglielmo sposó quindi Augusta principessa di Weimar,
con educazione fortemente liberale, ostile a Bismarck, donna
di grande carattere contraria a guerre e militarismo,
intelligente, sicuramente sprecata alla corte prussiana,
almeno di questo lei era convinta. Era per forza destinata a
un matrimonio infelice.

Potsdam, Orangerie nel parco Sanssouci, voluta da Federico Guglielmo IV

Gli imperatori del II Reich

Giunto il tempo della revanche e della risoluzione definitiva del contrasto prussiano-francese, la sorte guardó favorevole ai sovrani Hohenzollern.

La decisiva sconfitta dei francesi provocó un'ondata di euforia in tutto il paese. Alla lega degli stati tedeschi del nord si unirono anche i principi delle regioni del sud. Nella sala degli specchi di Versailles, il 18 gennaio 1871 (cadeva in quella data il 170. anniversario dell'incoronazione di Federico I), Guglielmo I fu nominato imperatore tedesco. Formalmente il regno di Prussia perse la sua sovranitá per fondersi nell'impero tedesco, all'interno del quale la Prussia continuava ad esercitare il suo predominio.

Il 1888 é definito l'anno dei tre imperatori.

Morto Guglielmo I, sale al trono il figlio Federico III, per morire pochi mesi dopo e lasciare il trono a Guglielmo II. Il pur breve periodo di reggenza di Federico III, é una di quelle parentesi storiche che iniziano e finiscono con un „se". La sua cultura e l'influenza liberale della moglie inglese sembravano promettere un periodo di riforme importanti per il paese, difficile dire cosa sarebbe successo e come sarebbe andata la storia, se fosse vissuto più a lungo.

Suo figlio Guglielmo II, avviata una corsa pazza alla militarizzazione, trascina il paese nel disastro della prima guerra mondiale. A questo punto, diventano inevitabili le rivolte interne e le richieste di abbattimento della monarchia. Nel 1918, Guglielmo II abdica e con lui finisce il regno prussiano.

Il nuovo Brandeburgo

Archiviato Guglielmo II e il secondo impero, finisce anche l'unione della Prussia col Reich tedesco, il Land diventa uno stato libero e ottiene una sua democratica carta costituzionale.

La Repubblica di Weimar, appena nata dalla dissoluzione dell'impero, porta in sé i germi di una nuova fase storica, la più buia per la Germania.

Cosí finisce rapidamente l'esperienza repubblicana, inizia la dittatura nazista, la Prussia e gli altri stati tedeschi perdono ogni loro autonomia. Dal 1934, il riordino amministrativo del terzo Reich prevedeva che il controllo dei governi dei Länder passasse nelle mani di Reichsstatthaltern controllati dal Reich, una sorta di prefetti.

Gli anni bui della seconda guerra mondiale calano anche sulla regione, é l'Armata Rossa ad occupare queste aree al termine della seconda guerra mondiale. La provincia brandeburghese, privata dei territori ad est del fiume Oder, rimane quindi nella zona di occupazione sovietica, la provincia diviene un Land nel 1947, poi amministrativamente sciolto, nell'ambito delle riforme territoriali della Repubblica Democratica Tedesca, che ne vede la sua frammentazione.

Dopo amari decenni, caduto il muro di Berlino, con l'unificazione delle due Germanie e la fine della Repubblica Democratica Tedesca, appare anche il primo Landtag, cioé il parlamento del ricostituitosi Land Brandeburgo di cui Potsdam é capitale.

La Prussia cancellata

Lo stato chiamato Prussia, sopravvissuto nominalmente anche nella Repubblica di Weimar, é sparito ufficialmente durante l'occupazione degli alleati al termine della seconda guerra mondiale. Il consiglio di controllo alleato chiude definitivamente l'ultima pagina della storia del regno e dell'impero prussiano con questa dichiarazione:

„Lo stato prussiano, che da sempre é stato sostenitore del militarismo e della reazione in Germania, in realtá ha cessato di esistere. Guidato dall'interesse per il mantenimento della pace e della sicurezza dei popoli e con il desiderio di garantire la vita politica in Germania su basi democratiche, il Controllo Alleato promulga la seguente legge: "articolo I: lo stato prussiano, il suo governo centrale e le istituzioni ad esso sottostanti vengono sciolti con questo atto".

Era il 25 febbraio 1947.

Amen.

Parte seconda: Mete nel Brandeburgo

Il Brandeburgo è oggi amministrativamente diviso in 14 provincie, sul versante orientale il fiume Oder costituisce un confine naturale con la Polonia. Diverse sono le cittadine e i paesini brandeburghesi che meritano di essere visitati.

Partendo dalle radici: la cittadina di Brandeburgo sull'Havel

Il viaggiatore cominci dunque il suo viaggio dalla cittadina di Brandeburgo sul fiume Havel, la più antica della Marca. Documenti più antichi testimoniano la sua esistenza dal 948. Al 1165 risale la costruzione del Duomo di San Pietro e Paolo, al quale generazioni di artisti lavorarono nei secoli e che stupisce il visitatore per i suoi vetri dipinti, un altare boemo del XIV secolo, la sua cripta e i suoi preziosi testi antichi conservati nel Museo del Duomo. La passeggiata attraverso la città di Brandeburgo ci porta alla torre Plauer e seguendo la ben conservata cinta muraria si trovano le rovine di St. Johannis. Nella

Ritterstraße si trova il Frey-Haus, il museo cittadino. Da visitare anche l'Altstädter Rathaus custodito dal suo Roland, alto 5 metri. Chi é costui? Si tratta di una statua di un cavaliere con la sua spada, lo troviamo in numerose cittá della Germania settentrionale e orientale.

Roland

Dal Medioevo le cittá che avevano un prestigio commerciale, una propria indipendenza e una magistratura innalzavano il loro spesso gigantesco Roland, il simbolo della libertá. Il Roland di Brandeburgo voleva sottolineare la prosperitá economica.

Rolando o Orlando é l'eroe medievale, il cavaliere bretone, coraggioso combattente a fianco di Carlo il Grande. Caduto a metá agosto sotto il sole e le abbaglianti spade dei combattenti baschi nel 778, fu presto immortalato nel poema la „chanson de Roland ". Cosí la sua orgogliosa figura appare nelle aree dove dominava il diritto sassone. Nell'Europa meridionale diventa l'eroe cristiano caduto in crociata.

Roland dapprima veniva costruito in legno, ma al píu tardi dopo il primo incendio veniva sostituito da uno di pietra, comunque sia, sta sempre in una piazza, davanti a un Duomo o a un Rathaus. Talvolta Roland si presenta a cavallo come ad Haldensleben, qualche altro Roland é stato portato via dal suo luogo originale.

Potsdam la capitale del Brandeburgo: cittá di parchi e castelli

Conosciuta come la Versailles del Nord, Potsdam è la capitale del Brandeburgo nonché la cittá più grande del Land. Ideata come centro urbano in mezzo al paesaggio fluviale disegnato dal fiume Havel, la città si presenta con un'architettura armoniosa di palazzi e giardini in stretta correlazione tra loro.

In cittá si avverte tutta la sua storia: lussuosa residenza degli Hohenzollern, patria di tolleranza religiosa, scuola dell'esercito prussiano, culla della burocrazia pubblica di stampo tedesco-prussiano, testimone del regime comunista. Il suo nome è di origine slava. Poztupimi (sotto la quercia) era chiamato l'insediamento slavo di cui si parla per la prima volta in documenti risalenti al 993. Oggi non è molto facile trovare querce in città, però si possono ammirare un gran numero di eleganti case borghesi e di verdissimi parchi con residenze principesche.

Arrivando da Berlino, passiamo davanti alla piazza Alter Markt, con l'imponente cupola della chiesa di San Nicola e lo splendido Rathaus. Fino alla fine della seconda guerra mondiale qui c'era anche la residenza prussiana, il castello che verrá ricostruito nei prossimi anni. Giá é risorto il portale della Fortuna, che stava all'ingresso del cortile d'onore del palazzo reale.

Come é tranquilla, bella e semplice Potsdam. Basta una passeggiata nella strada principale, la Brandenburger Straße con le sue basse casette, i numerosi negozi e sempre un gran movimento di persone. La strada finisce sulla Luisenplatz, in cui si erge una delle belle porte cittadine della cittá, la Porta di Brandeburgo, sorella omonima della porta di Berlino, ma più vecchia e molto più piccola.

Pochi passi e giá si vede la Nauner Tor, porta grigia in stile neogotico con intorno numerosi caffé, a un soffio troviamo la Mittelstraße.

Questa strada rappresenta l'asse principale del quartiere olandese, in stile barocco. Il piccolo e pittoresco quartiere, chiamato anche "la piccola Amsterdam" fu costruito per gli artigiani olandesi tra il 1734 e il 1742. Lungo quattro strade e sotto la direzione dei lavori dell'olandese Boumann furono innalzate oltre 130 casette con giardino. Oggi i giardini sono scomparsi ma le belle casette di pietra rosse con i serramenti bianchi e le piccole finestre restano un'attrazione per i turisti.

Il ricco patrimonio artistico, dichiarato dall'Unesco patrimonio mondiale dell'umanitá, il vasto calendario delle manifestazioni cittadine e regionali, nonché la sua vicinanza strategica a Berlino fanno di Potsdam un'ambita meta turistica.

I castelli nel parco di Sanssouci

A Potsdam si trovano tre grandissimi ensemble parchi-castelli. Nell'omonimo parco sorge il castello di Sanssouci, residenza di Federico II di Prussia. Vi si accede facilmente dalla Luisenplatz, dietro un cancello verde si apre un viale, percorso il quale ci troviamo davanti a Sanssouci. L'edificio a un piano fu progettato dal sovrano stesso, inaugurato con un banchetto festoso nel 1747, esso sovrasta una collina terrazzata esposta al sole, ai cui piedi c'é una fontana rotonda che mai funzionó ai tempi di Federico. Anzi, da vera capricciosa si attivó un giorno durante una passeggiata al sole di Pentecoste e poi si addormentó. Essa é circondata da statue regalate dal sovrano di Francia Luigi XV. Camminando intorno al castello, si arriva al cortile d'onore e da qui guardando in lontananza si scorge una collina con dei resti antichi, che poi antichi non sono, ma rappresentano una moda del tempo e nascondono elegantemente il sistema idraulico che attiva la „sfortunata" fontana davanti al castello.

Nel castello, in veritá una residenza estiva, un trionfo di marmi e luce, il sovrano passava le sue giornate più liete in compagnia dei geni illustri del suo tempo, del suo flauto traverso, degli amati levrieri e dei cari libri ospitati nella stanza più bella dell'edificio, la biblioteca.

Tomba di Federico il Grande

Qui il sovrano riposa sotto una semplice lastra che porta il suo nome accanto ai suoi cani, sulla lastra qualcuno pone spesso patate per ricordare un'intelligente idea di qusto sovrano illuminato, che introdusse questo importante tubero nell'alimentazione della popolazione locale.

Parco e castello di Sanssouci

35

Ai lati del castello si trovano due edifici ad un piano dotati di grandi finestre: la pinacoteca Bildergalerie e le „Nuove camere".

L'architetto Johann Gottfried Büring costruí la Bildergalerie per ospitare opere pittoriche del barocco italiano e olandese. Federico II negli anni della sua gioventú, preferiva il pittore francese Watteau e la sua scuola, ma era ben attento ad acquistare anche opere di altri artisti, cosí oggi qui sono conservate opere di grandi autori come Correggio, Reni, Maratti o Rubens. Il palazzo ha mantenuto nel tempo il suo carattere: in un'ambiente da salone delle feste i dipinti sono esposti alla maniera barocca. E tutto intorno una enorme quantitá di stucchi e preziosimi vari decorano la lunga galleria. All'esterno, un muretto sorvegliato da putti nasconde un giardino olandese.

Il Neues Palais

Nel corso degli anni e dei sovrani, nel parco di 290 ettari, furono costruiti altri sei castelli. Cosí oggi il visitatore deve dedicare almeno una giornata intera alla visita del parco per non dover rinunciare al padiglione cinese dorato o all'Orangerie piuttosto che al castello Charlottenhof, le terme romane o quant'altro.

Il parco é percorso da un lungo viale e stradine che permettono di raggiungere giardinetti, prati, laghetti e isole.

Alle estremitá del viale troviamo verso est un obelisco e verso ovest il palazzo Nuovo.

„Una fanfaronata" definí il re illuminato il bel palazzo.

Si tratta di un edificio di grande pregio architettonico e fu usato spesso e volentieri dai successori fino al 1918 anno della caduta della monarchia.

Gli architetti Büring e Carl von Gontard si succedettero nella direzione dei lavori. Tra gli ambienti più originali c'é la grotta o sala delle conchiglie, completamente decorata di minerali, fossili e pietre preziose. Adiacente la splendida galleria in marmo di Carrara, la stanza luminosa dalle grandi finestre e decorata di stucchi preziosi e affreschi al soffitto, qui si tenevano i banchetti più eleganti.

Sempre in marmo é il salone delle feste al piano superiore, dai soffitti altissmi e con un pavimento di grande pregio. Accanto c'é la galleria superiore, dai toni caldi e lignei, che ospita dipinti di importanti autori italiani come Reni e Artemisia Gentileschi.

Una bella italiana alla corte di Federico:
Barbara Campanini

Un'artista con un bel caratterino faceva parlare di sé alla corte prussiana. Una ballerina originaria di Parma, nata nel 1721 e che aveva iniziato lo studio della danza al Teatro Farnese, le sue qualitá espressive e teatrali la resero molto celebre. Per lei i compositori del tempo scrissero balletti, a diciotto anni la bella italiana era giá sui palchi parigini. Nel 1743 anche Federico II ebbe modo di vederla, ne rimase folgorato e la volle per l'opera berlinese. Aveva fatto male i suoi conti, infatti Barbara Campanini in quel tempo era innamorata dello scozzese Lord Stuart Mackenzie e per evitare le pressioni del sovrano di Prussia fuggí con l'amante a Venezia.

Qui Federico la trovó e la fece accompagnare sotto scorta a Berlino. Il re le offriva un contratto fantastico, un ingaggio a sua richiesta e cinque mesi di vacanza all'anno. Barbarina arrivó a guadagnare in un anno 25 volte di più del maestro di corte. Per qualche anno entusiasmó la corte e con il suo charme e temperamento affascinava nei salotti.

Le avventure della „dea volante" come veniva definita per le sue piroette coreografiche non erano ancora finite.

Nel 1748 al termine di una rappresentazione, le viene fatta una dichiarazione d'amore a scena aperta. Carl Ludwig von Cocceji, le chiede di sposarlo e lei accetta. Questo signore peró, era il figlio del gran cancelliere prussiano Samuel von Coccej, contrarissimo alla relazione del figlio con una ballerina, che era celebre e ricca ma non aveva un titolo nobiliare. Federico II dovette a malincuore licenziarla per accontentare il suo cancelliere, lei se ne andó a Londra ma tornó presto in Prussia per sposare in segreto il suo amato Carl-Ludwig. Egli finí in prigione per 18 mesi, fu poi esiliato in Slesia e Barbarina per seguirlo vendette il suo palazzo berlinese. Dopo dieci anni la passione finí, i due si separarono e solo allora Federico II poté concederle il titolo nobiliare di contessa. A Barschau, nei suoi nuovi possedimenti dedicó il resto della sua vita ad aiutare nobili decadute e lí morí nel 1799.

Barbara Campanini - quadro di Antoine Pesne ca. 1745

Nel palazzo nuovo risiedevano gli ospiti di corte mentre il re abitava nel suo Sanssouci. 200 stanze stavano a loro disposizione, 4 saloni delle feste, una cappella e un teatro rococó, uno dei più bei teatri del 1700 in Germania e ancora oggi usato per le rappresentazioni. Federico il Grande si sedeva in terza fila, non c'é infatti un palco reale. Sul palco preferiva artisti e opere italiani e francesi.

Il Neuer Garten e il parco del Belvedere Pfingstberg

Splendido é il parco del Giardino Nuovo.

Il parco si allunga pianeggiante sui laghi Heiligen See e Jungfernsee. Diversi accessi permettono di raggiungerlo. Naturalmente vi si puó arrivare anche col traghetto.

Il parco ospita due splendidi castelli: il Palazzo di marmo e il castello di Cecilienhof.

Lo splendido palazzo di marmo risplende con i suoi putti dorati dopo il recente restauro. La splendida residenza di Federico Guglielmo II é il trionfo del suo amato stile neoclassico, i migliori architetti del tempo Gontard e Langhans ebbero l'incarico di costruire la residenza estiva per il sovrano, noto amante della bella vita delle arti, il castello divenne probabilmente la sua dimora preferita, con studi, biblioteche, sala per concerti e un gabinetto orientale con lunghissimo divano di raso, pareti e soffitti decorati in seta.

In stile inglese é il castello Cecilienhof, nel quale ebbe luogo la famosa conferenza di Potsdam il 2 agosto 1945. La stanza in cui Truman, Stalin e Attlee, rappresentanti delle forze vincitrici della seconda guerra mondiale stabilirono la divisione della Germania in zone di occupazione é rimasta come allora, con il grande tavolo rotondo nel centro.

Il castello fu fatto costruire a partire dal 1913 da Guglielmo II per il figlio Federico Guglielmo e la moglie Cecilia, non poteva sapere che pochi anni dopo l'impero avrebbe cessato di esistere. Il castello ricorda le residenze inglesi costruito in pietra e legno, disposto intorno ad un cortile. Gli ambienti sono decorati con gusto ma senza eccessi, la coppia aveva qui un appartamento privato oggi visitabile cosí come le stanze di rappresentanza.

Prendendo l'uscita che sta tra i due castelli si arriva dopo una breve passeggiata ai piedi della collina Pfingstberg sulla cui cima domina lo splendido Belvedere. Il panorama aveva talmente impressionato Federico Guglielmo IV, architetto per passione, che egli avvió nel 1847 la costruzione dello splendido edificio che ricorda le ville rinascimentali romane. A questi modelli architettonici si era giá ispirato con la costruzione dell'Orangerie nel parco di Sanssouci. Un complesso restauro finanziato in gran parte da sponsor privati ha restituito questo edificio al suo antico splendore, é oggi meta prediletta per le uscite del fine settimana. Dalla cima delle torri il panorama é splendido. Ai piedi dell'edificio, nascosto dietro una pergola sempre verde, troviamo il piccolo tempio di Pomona, la prima opera dell'allora diciottenne architetto Schinkel.

Alexandrowka

Come immaginare che scendendo dalla collina Pfingstberg ci si puó trovare davanti ad una piccola cappella ortodossa intitolata al santo russo Alexander Newski. Ogni domenica gli incensi e la campanella invitano la piccola comunitá russa alla messa. Ed ecco vicino alla chiesetta appare una casa russa, fa parte della colonia Alexandrowka. Il geniale Lenné progettó il complesso.

Cappella intitolata ad Alexander Newsky

Nell'ottobre 1812, 62 soldati russi erano rimasti prigionieri a Potsdam dopo il passaggio di Napoleone. Le tristi melodie che questi riuniti in coro cantavano, colpirono talmente il re di Prussia che li integró nel suo esercito. L'alleanza russo-prussiana perfetta per sconfiggere definitivamente il nemico francese, vide in campo i due eserciti e il piccolo struggente coro russo, sempre presente sul campo. Lo zar Alessandro I non solo permise al coro militare russo di restare nell'esercito prussiano, dopo le numerose perdite subite delegó 7 nuovi ufficiali a sostituire i caduti. Alla morte dello zar nel 1825, i cantori rimasti a Potsdam erano solo 12. Il forte legame russo-prussiano doveva essere celebrato con la costruzione della colonia russa di Alexandrowka, affinché i soldati russi vi potessero stabilire definitivamente. Le casette in stile russo completamente ammobiliate, con giardini e frutteti vennero consegnate ai cantanti nel 1827, nelle stalle essi trovarono anche una mucca, dono regale. Le case non erano vendibili o ipotecabili, ma potevano solo passare in ereditá ai discendenti maschi. Cosí ancora oggi la famiglia Grigorieff, discendente diretta di uno dei cantanti vive nella colonia. Una delle casette é adibita a museo e racconta la storia del quartiere, un'altra ospita un ristorante con specialitá...russe.

Il parco di Babelsberg e il castello di Glienicke

Per oltre 120 ettari si estende il parco di Babelsberg. Qui ci troviamo davanti ad una zona collinare sui laghi Glienicker e Tiefen See.

In principio Guglielmo I aveva affidato la progettazione del parco a Lenné affidandola poi allo stravagante principe Pückler-Muskau. L'architetto Schinkel ebbe l'incarico di costruire il castello secondo i desideri della moglie di Guglielmo I, che voleva una residenza tipo Windsor.

Schinkel non poté portare a termine il castello che comunque rimase la dimora preferita dell'imperatore tedesco e della moglie. Ma alla loro morte non riscosse più cosí successo da parte dei suoi discendenti. Babelsberg cadde nel dimenticatoio cosí come la manutenzione che esso richiedeva. La Repubblica Democratica Tedesca lo usó come sede dell'accademia di studi giuridici, oggi sono ancora in corso lavori di restauro e il castello é chiuso al pubblico.

Sull'altro lato del lago Griebnitz si apre il parco di Glienicke, altri 120 ettari, questa volta al confine tra Berlino e il Brandeburgo.

Tra l'una e l'altro c'é il ponte di Glienicke, che apparteneva per metá a Berlino Ovest e per metá alla RDT e nella guerra fredda divenne famoso come il ponte delle spie. Splendido il lavoro che

44

Lenné dovette compiere in questo luogo di natura paludosa per creare un parco degno del castello omonimo.

Il castello di Gleinicke, fu residenza estiva del principe Carlo di Prussia (un figlio di Federico Guglielmo III), opera di Schinkel anche questa in stile neoclassico su modello delle ville romane, a cui si accede passando davanti alla fontana dei leoni dorati.

Alla morte del principe Carlo, anche questo castello venne dimenticato, fu usato nella seconda guerra mondiale come lazzaretto e poi come luogo di ritrovo per gli ufficiali dell'Armata Rossa alla fine della guerra, quindi hotel, scuola popolare, finalmente poi divenne museo e fu restaurato. Dal 1995 é aperto ai visitatori.

Cottbus e il principe Pückler-Muskau

La seconda cittá del Brandeburgo è Cottbus, capoluogo dello Spreewald, la regione abitata dalla minoranza sorba. La cittá vecchia é interessante, specialmente la chiesa di San Nicola, la cinta muraria e la torre Spremberger Turm, simbolo della cittá. Per la veritá ben pochi turisti sceglierebbero di visitare Cottbus, diciamo la veritá, se non fosse per la presenza di Branitz con castello e parco ideato e realizzato dall'eccentrico principe Pückler-Muskau, con colline, piramidi, laghetti e alberi provenienti dai diversi continenti.

Su circa 100 ettari egli poté creare giardini paesaggistici trasformando le paludi e il terreno sabbioso originali. Si visiti quindi questo meraviglioso giardino.

L'accademica Francoforte sull'Oder

Quanta storia lungo questo fiume al confine tra la Germania e la Polonia, l'Oder era ai tempi degli Hohenzollern uno dei più importanti fiumi dell'impero, non é infatti rappresentato insieme a Elba, Vistola e Reno nella bellissima fontana di Nettuno in granito rosso che apparteneva al castello di Berlino e che ora sta ad Alexanderplatz?

Siamo al margine orientale del Land Brandeburgo.

Il principe Pückler-Muskau

Molti abbinano in Germania questo nome ad un gelato. Il Pückler-Muskau é la composizione di vaniglia, fragola e cioccolato, ricetta si dice (in maniera erronea) da attribuire a questo signore, che tra le altre cose era un gourmet.

Conte di nascita, adolescente capriccioso e viaggiatore divenne principe sposando Lucie von Hardenberg, con la quale creó un legame duraturo e solido nonostante la separazione legale. Questa separazione era evidentemente formale, per permettergli di risposarsi possibilmente con una ricca ereditiera col benestare di Lucie. La ricerca di una ereditiera lo condusse in Inghilterra dove cominció ad apprezzare il giardinaggio e i parchi, senza ulteriori successi. Con l'intenzione di partire per l'America e l'occasione persa a causa di un duello, si ritrovó in Egitto, poi a Costantinopoli e infine in Grecia. Intanto il mantenimento delle sue proprietá a Bad Muskau si rivelava troppo dispendioso, cosí egli vendette i suoi possedimenti per concentarsi sulla sua proprietá di Branitz presso Cottbus. Qui ampliò il castello e cominciò a sistemare il parco che oggi é uno dei più bei giardini in Germania. Non si fece mancare un viaggio in mongolfiera, una missione subacquea dentro una sfera metallica, né un viaggio alle cascate del Nilo e per finire si arruolò volontario ottantunenne nelle file dell'esercito prussiano contro gli austro-ungheresi.

Possiamo definirlo un dandy, ricercato frequentatore di salotti, amava vestirsi all'orientale e passeggiava con una carrozza tirata da cervi sul viale Unter den Linden. Dai suoi viaggi portava numerosi ricordi, oggetti, semi di piante esotiche, una volta peró nel 1837 portò con sé la quattordicenne etiope Machbuba aquistata ad un mercato di schiavi in Egitto e se la mise in casa col tacito consenso di Lucie.

Le lettere tra i due ci dimostrano il grande affetto che li legava, nondimeno le chiacchiere e i pettegolezzi gettavano sul principe una brutta luce. Dal canto suo egli riteneva di avere liberato dalla schiavitú la ragazza, di averla salvata da altri aquirenti, le aveva insegnato a leggere e scrivere e la portava con sé nei viaggi e in societá presentandola come una „ principessa etiope", non negando di apprezzare molto la delicatezza del suo viso e delle sue forme, testimoniata dai ritratti appesi nel castello. La poveretta morí presto per le conseguenze di un raffreddore.

Il principe é sepolto accanto a Lucie nel parco.

Francoforte sull'Oder era il nodo strategico sulla via del commercio Parigi-Mosca, la città é antica. Fondata nel 1226, crebbe nel medioevo non facendosi mancare cinta muraria, torri e guardiole.

Il principe elettore Gioacchino I apre qui, il 26 Aprile 1506 l'Universitá Alma Mater Viadrina, la prima universitá del Brandeburgo. Nel primo anno accademico si iscrissero 900 matricole da diversi paesi alle 4 facoltá di medicina, filosofia, teologia e giurisprudenza. Un numero molto rilevante se si pensa che la cittá contava allora 5000 abitanti. Sono illustri alcuni degli studenti di questa Universitá: Alexander von Humboldt, Carl Philipp Emanuel Bach e Heinrich von Kleist. Solo l'apertura dell'Universitá a Berlino oscuró il prestigio della Viadrina che chiuse per un certo periodo ma che oggi fortunatamente é nuovamente attiva e accoglie 5000 studenti, molti polacchi.

Heinrich von Kleist

Heinrich von Kleist figlio illustrissimo di Francoforte sull'Oder, il più romantico dei romantici. Militare prussiano a Berlino e Potsdam, come prevedeva la tradizione familiare, gettata a mare la carriera militare decise di dedicarsi nella prestigiosa universitá Viadrina allo studio della matematica e della fisica, senza portarlo a termine. Una crisi personale profonda travolse anche il suo fresco matrimonio, la folgorazione di una vita rurale da semplice contadino duró un baleno e poi tornato all'inquietudine di un vero spirito romantico, giró per la Germania, cambiando varie occupazioni, frequentando personaggi illustri del tempo come Goethe, dedicandosi al teatro e alla scrittura non facendosi mancare naturalmente anche l'attivitá politica.
Sulle sponde del lago di Wannsee il 21 novembre 1811 si suicidó insieme all'amica Henriette Vogel, chiudendo la sua

Come per molte altre cittá nella parte orientale del territorio tedesco con la guerra dei trent'anni arrivarono gravi danni. Primavera 1631: mentre le truppe imperiali incendiano tutto per impedire l'avanzata dei nemici svedesi, il re Gustavo II si prepara all'attacco e appare improvvisamente e non visto dal fumo, caccia le poche migliaia di soldati rimasti a difendere la cittá, alcuni perdono la vita nell'Oder ed egli occupa la cittá. Ne segue una notte di violenze e saccheggi. 4000 persone muoiono poi a causa della peste scoppiata subito dopo.

Avendo perso 4/5 degli abitanti attraverso queste tristi vicende, il pagamento dei risarcimenti di guerra fu insostenibile.

A Kunersdorf, da queste parti, decenni dopo Federico il Grande patí una delle sue più gravi sconfitte perdendo 19mila uomini contro russi e austriaci. Tra essi c'era Ewald Christian von Kleist. Anche sulla via del ritiro da Mosca non deve avere avuto un buon ricordo dell'Oder il cui ponte egli ordinó di bruciare.

Praticamente superata senza gravi danni la seconda guerra mondiale, la città fu completamente distrutta in una sola notte proprio alla fine di aprile del 1945.

Francoforte resta oggi la cittá più grande sul confine orientale della Germania e conserva nonostante tutto alcuni begli edifici antichi, come il Comune, tipico edificio gotico brandeburghese e la Marienkirche restaurata con pazienza dopo i gravissimi danni della guerra. Le sue pregiate vetrate, smontate per proteggerle furono dapprima a Potsdam, poi a Berlino e infine portate in Russia dall'Armata Rossa. Riapparse nel 1997 a San Pietroburgo furono restituite e ora sono tornate al loro posto. Meritano una visita anche la Friedenskirche e il museo di Heinrich von Kleist.

Fläming

Quanti sono i villaggi sparsi nella regione di Fläming? Come non perdersi osservando tutto questo verde dalla torre del castello Burg Eisenhardt presso Belzig, questo é il castello più antico della marca, sopravvissuto a stento alla guerra dei Trent'anni. Gli abitanti di queste zone raccontano quanto é bello il sud-ovest del Brandeburgo. Fläming ricorda nel suo nome i coloni fiamminghi che dal 1157 giunsero ad abitare queste colline.

Nei boschi intorno si dipartono innumerevoli sentieri. Se ne prenda uno che ci porti al castello di Rabenstein, uno dei più romantici del Land. Esso ospitó nel 1631 re Gustavo II di Svezia e nel 1712 lo zar Pietro I.

Da visitare anche Schloss Wiesenburg e Burg Ziesar, quest'ultimo é un gioiello medievale, fu residenza arcivescovile e ospita oggi un museo di storia della chiesa e della cultura medievale brandeburghese.

Se poi vogliamo vedere quali tracce lascia un leggendario diavolo che cavalca attraversando una chiesa, ecco, a Ihlow troviamo il tetto del campanile con due punte.

Dire Fläming significa anche dire Jüterbog. La bella cittadina con le sue tre porte, la famosa chiesa di San Nicola, la chiesa dei monaci e il Rathaus. Jüterbog é il cosiddetto „capoluogo" della Fläming e la seconda cittá più antica del Brandeburgo.

Non si deve lasciare questa regione senza visitare il monumento Bülow a Dennewitz. Localitá di 300 anime presso Niedergörsdorf. Il monumento ricorda la battaglia che qui ebbe luogo tra gli uomini di Napoleone e i prussiani che intendevano impedirgli di entrare a Berlino. Cosí fu, un segnale premonitore all'imperatore dei francesi prima della battaglia di Lipsia.

Da qui a Wittenberg, la cittá di Lutero, é un passo, ma un passo oltre il confine del Land Brandeburgo e giá si é in Sassonia-Anhalt. Questo confine si perde all'interno del "Naturpark Fläming/Sachsen-Anhalt", un vero paradiso per

51

gli amanti degli sport all'aria aperta, pattinatori, camminatori, appassionati dell'equitazione troveranno una grande quantitá di attivitá.

Neuruppin, il suo lago e Fontane

Neuruppin si affaccia sul Ruppiner See, il lago lungo quattordici chilometri si trova in mezzo ai boschi e da esso si diramano numerosi canali in particolare il Rhin.

Il lago di Ruppin é amato da chi pratica gli sport d'acqua, da qui si raggiungo i bei paesi di Wustrau e Treskow, presso il quale si trova una grande spettrale colonia di cormorani.

La cittadina di Neuruppin conserva quasi intatte le sue mura e la chiesa medievale della Santa Trinitá. In centro si trova la chiesa natale di Theodor Fontane con l'antica "farmacia dei leoni" appartenente alla sua famiglia. Scrittore di grande talento immortaló nei suoi volumi „Passeggiate attraverso la marca del Brandeburgo" la sua terra natale, descrivendola con acutezza e realismo.

In centro troviamo un monumento per Federico Guglielmo II, la figura del sovrano é collegata al tremendo incendio, partito da un fienile, che il 26 agosto 1787 distrutte quasi tutta la cittá, 400 case, il comune, la cinta muraria. Una immediata raccolta di fondi da parte dei cittadini e lo stanziamento da parte del sovrano ricordato nel monumento di 130.000 talleri, permisero subito la ricostruzione. Il direttore di lavori Bernhard Brasch progettó a tavolino la nuova pianta cittadina: che si snoda intorno a un asse che corrisponde oggi alla Karl-Marx-Straße, con strade e piazze larghe contornate da edifici di stile neoclassico.

Un libro illustrato per innamorati: Rheinsberg

Che idillio é Rheinsberg. L'autore berlinese Kurt Tucholsky immortaló nel 1912 in una fresca novella dal titolo: „Rheinsberg: un libro illustrato per innamorati" la bella cittadina nel nord del Brandeburgo, la quale si affaccia sul lago Grienericksee. I due innamorati scherzano, dandosi nomignoli, si punzecchiano, fanno un giro in barca e niente di più, semplicemente sono parte di una bella cartolina che é il ritratto della felicitá data dalle piccole cose che bastano a farci sorridere e partecipi del loro amore.

E nel lago si specchia il bellissimo castello in cui Federico il Grande passó la sua giovinezza e per sua definizione gli anni più belli della sua vita. Restaurato dopo i decenni di abbandono durante il regime della Repubblica Democratica Tedesca, nei quali funse da clinica per diabetici, risplende nelle sue forme e nel suo colore chiaro.

Qui stava nel medioevo un castello che continuamente fu ampliato e modificato, distrutto nella guerra dei Trent'anni e dopo varie vicende arrivó nelle mani di Benjamin Chevenix de Beville, che nel 1734 lo vendette per 75.000 talleri al re prussiano Federico Guglielmo I, che lo regaló al figlio, colui che sarebbe diventato Federico il Grande.

Veduta del castello di Rheinsberg

Nel 1736 egli vi si stabilí con la moglie Elisabetta Cristina di Braunschweig-Wolfenbüttel (1715-1797), lo fece ampliare e innalzare di un piano.

Con l'ascesa al trono dovette peró lasciare l'amato castello per stabilirsi a Berlino. Egli regaló quindi il castello al fratello Enrico, che vi rimase fino alla morte. Il principe Enrico, appassionato d'arte contribuí molto a rendere il castello e il parco cosí come oggi lo vediamo.

Oggi il castello é visitabile e ospita una mostra permanente dedicata appunto a Kurt Tucholksy.

Un tocco di Olanda nel Brandeburgo: Oranienburg

La tranquilla cittadina di Oranienburg é attraversata dal fiume Havel. Al posto di un giá esistente castello da caccia, Luisa Enrichetta (1627-1667) fece costruire nel 1651, sotto la direzione di Memhardt e Smids un castello in stile olandese. Al termine della costruzione il castello prese il nome di Oranienburg e nel 1655 Luisa Enrichetta vi si insedió con grandi celebrazioni.

Un anno dopo anche la cittadina in cui sorgeva, Bötzow prese il nome di Oranienburg. A partire dal 1688, il castello visse il periodo di suo maggior splendore, Federico III (dal 1701 re Federico I) ereditata dalla madre la passione per Oranienburg e il suo castello, lo fece ampliare e lo trasformó in uno dei più bei castelli barocchi della Marca brandeburghese. La direzione dei lavori fu affidata ai maestri costruttori Nering, Grünberg e von Göthe. Durante il Rococo, il castello ebbe un periodo di splendore sotto il principe Augusto Guglielmo. La vendita a privati nel 1802 invece segnó l'inizio di una storia piena di alterne vicende, laboratorio per la manifattura della lana, scuola di polizia, seminario per insegnanti, caserma. Per un certo periodo nell'edificio si trovava anche una fabbrica di acido solforico, presso la quale il chimico Runge scoprí nel 1833 l'anilina e l'acido fenico, elementi fondamentali per la chimica dei coloranti al catrame.

Nel 1997 la proprietá passó alla cittá di Oranienburg e dopo impegnativi lavori di restauro risplende ora in tutta la sua bellezza. Dal 1999 ospita numerose mostre con il patrocinio della Fondazione Castelli e Giardini prussiani di Berlino e del Brandeburgo. Esposte nel castello sono numerose opere di artisti olandesi, chiamati a lavorare alla corte brandeburghese e opere ereditate da Federico I, tra le quali spiccano opere di van Dyck, un salotto di avorio del 1640, proveniente dal Brasile e stupendi arazzi, alcuni dei quali provenienti da Bruxelles e dono di Luigi XIV. L'attrazione più importante peró é la stanza delle porcellane, i cui soffitti di Terwesten sono originali. La stanza ospitava un tempo 5000 articoli di porcellana, alcune preziose porcellane asiatiche sono oggi esposte su uno speciale scaffale costruito proprio per questa sala.

Il castello ospita inoltre un museo di storia locale con reperti dell'eta bronzea.

La foresta dello Spreewald

Unico nel suo genere é il paesaggio della foresta Spreewald, nel Brandeburgo meridionale. 970 chilometri di corsi d'acqua si snodano nella foresta. Tradizionali sono le gite sulle grandi lente canoe, che attraverso la „Venezia rurale" passano davanti a case antiche che tengono vive tradizioni e artigianato locale. Ideale é la scoperta individuale in bicicletta o a piedi. Da sempre qui abitano i sorbi, antico popolo di origine slava orgogliosi della propria lingua e cultura, gli abitanti dello Spreewald utilizzano le vie d'acqua per muoversi per andare al lavoro o fare la spesa. Sulle rive dei canali troviamo ogni tanto una bancarella sperduta che ci offre i salumi regionali o i celebri cetrioli della regione. La localitá di Lübbenau merita una visita: il bel castello di Lübbenau con Orangerie e parco apparteneva al conte Wilhelm von Lynar, che mise il castello a disposizione affinché gli attentatori di Hitler potessero radunarsi indisurbati insieme a Claus von Stauffenberg. Bella la chiesa evangelica di San Nicola, costruita intorno al 1740.

Gli Spreewaldesi e primo tra tutti l'ente del turismo, sostengono che questo é l'angolo più bello del mondo! Ormai la regione registra un milione di pernottamenti all'anno, sono in gran parte i berlinesi che decidono di passare spesso le ferie nella fitta foresta.

Paretz, un' elegante residenza di campagna

Il timido principe ereditario Federico Guglielmo III e la giovane moglie Luisa di Mecklenburg-Strelitz scoprirono un luogo, nel quale potevano vivere insieme ai loro figli liberi dalle etichette e dal cerimoniale di corte, come una normale famiglia. Questo luogo é Paretz sul fiume

Havel, che lo sposo giá aveva visitato spesse volte nella sua infanzia. La famiglia trovó qui una specie di rifugio, un'oasi privata.

Un'antica casa sulla proprietá dovette fornire all'architetto berlinese David Gilly, la base per la costruzione di un edificio preclassicistico. Il castello é sobrio ed elegante nella sua semplicitá. Una lunga e bassa facciata bianca e ocra, nasconde preziosi interni, in particolare mobili snelli ed eleganti e tappezzerie decorate con motivi naturalistici. La quasi sacralitá privata del luogo, fece sí che alla morte dei genitori, i loro figli decidessero di non modificare nulla, in loro memoria. Tale rispetto rimase intatto fino al 1945.

Poi invece, con la fine della guerra e l'occupazione dell'edificio da parte dell'Armata Rossa, il castello divenne un lazzaretto, poi una scuola e poi la sede amministrativa dell'ente nazionale per l'allevamento della RDT.

Questi cambi d'uso portarono al degrado dell'edificio e alla scomparsa dell'arredamento originale. Solo negli ultimi anni l'edificio é stato restaurato fedelmente ed é ora aperto ai visitatori, grandi investimenti hanno soprattuto permesso i restauri delle famose tapezzerie.

Anche per questo edificio, come per quasi tutti gli edifici storici del Brandeburgo, i danni del tempo e dell'usura sono stati aggravati dall'incuria e dal degrado che essi hanno dovuto sopportare durante le guerre e poi durante il regime della

Repubblica Democratica Tedesca. Solo la grande professionalitá di restauratori, falegnami, tapezzieri, mobilieri, stuccatori, marmisti e quant'altro, la volontá delle istituzioni, la generositá degli sponsor pubblici e privati e molto spesso la determinazione dei cittadini e delle associazioni culturali, permettono oggi ai turisti di visitare questi edifici e questi parchi, luoghi su cui si é fatta la storia del regno di Prussia.

Le cronache continuano.......

http://cronachebrandeburghesi.blogspot.com/

Indice